目次

攝影──日置武晴
伊藤正子（封面、p6、7、14、15、26、27、40、41、50、51、59）

封面是伊藤正子用iPhone拍下的台灣街頭風景。

U0000461

牽起松本與台灣情緣的一場茶會

文—高橋良枝　翻譯—王淑儀

2012年早春的某日，三谷龍二先生打了通電話給我。
「我要辦一場台灣茶的茶會，你有沒有興趣過來看看？」
原來是三谷先生特地從台灣邀請了講師，要在他的藝廊10cm舉辦茶會。
因此，最喜愛烏龍茶的我，迫不及待地
朝春風輕撫的信濃（譯注：日本長野縣一帶的舊稱，松本市則位於長野縣中部）而去。

來自台灣，優雅動人的謝小曼小姐教我們如何沖泡及品味台灣茶。
原來具有豐富香氣與味道的台灣茶，
會因著沖泡方式或是盛裝的茶器不同而產生變化，
在這場茶會上，我再次認識到台灣茶的深奧。

小曼是台北市一家名為「小慢」的茶藝館主人，
過去曾留學日本，說得一口今日在日本也難得聽到的美妙日語。
在茶會上，我們得知三谷龍二在六月將於小慢舉辦個展。

從松本回來後沒多久，
我收到一封信，是另一位台灣女性所寄來的。
來信的江明玉小姐不論是日文書信或是對話中展現的日語也同樣無懈可擊。
江小姐表示她一直很喜愛《日々》，
希望有機會可以將《日々》引進台灣，
而我也回答：「如果是江小姐這樣的《日々》愛讀者，
我們很樂意授權……」
就這樣，中文版《日日》很順利地進行著。
在這不到一個月的時間裡，深切感受到我們與台灣的緣份之深。

也因為台灣即將要有中文版了，讓我有了想去拜訪一趟的心情，
於是找了伊藤正子小姐一起去台北參加三谷先生的個展。
伊藤小姐非常爽快地答應了，
甚至還說「感覺很有趣呢！不如我來負責寫旅遊日記吧？」
於是再加上攝影師日置武晴的三人之旅就這麼展開了。
「我也來用 iPhone 拍照吧！」
伊藤小姐在她的旅遊日記中附上自己拍攝的照片。

我們在台北的導遊兼口譯，
是江小姐公司裡的工作人員潘小姐，
她是位十分活潑，日語能力也非常強的年輕女孩。
小曼也告訴我們很多好吃的店家或是很棒的雜貨店。

為日本與這些很棒的台灣女性們搭起橋樑的
是那天在松本舉行的茶會，
如果三谷先生沒有邀請我去，
就不會有這本《日日 台灣特集》的誕生了吧！
日本的古諺說「緣份是不可思議之物」，
原意雖是指男女間的愛情，
但我卻聯想到自己與台灣之間濃得化不開的緣份。

藉由此次的機會，我又再次體會到茶的魅力，
不論是台灣茶或是日本茶，兩者都是需用心沖泡，
用心品嚐，才能感受到茶的香氣與美味。

謝小曼自家住宅頂樓滿滿的綠意，讓人忘了是身在公寓樓上。照片中右起為謝小曼，三谷龍二及抱著小曼愛犬的伊藤正子。

日記

文・照片—伊藤正子　翻譯—王淑儀

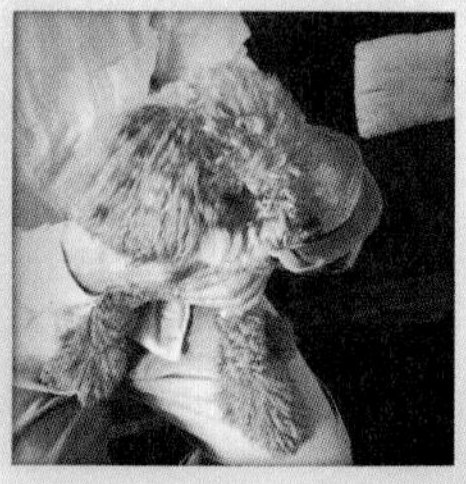
小曼家可愛又乖巧的小狗，HIPPI

日置先生拍下在台北的第一張照片

小曼藝廊的地板

台灣的人孔蓋上面畫著的是魚

盆子裡裝的是紅蘿蔔嗎？

6月23日

因為一早就從羽田機場出發，一坐上飛機沒多久就陷入昏睡。途中因送上早餐（午餐？）的餐點，簡單吃了幾口、喝了點啤酒之後又再睡去，直到「咚」地一聲飛機著陸的聲音吵醒我，此時已經抵達台北松山機場，台灣真的是好快就能到達的地方。

高橋小姐在兩個月前問我「要不要一同去台灣採訪？」，距離上回來已經是15年前（！）的事，台灣應該變了很多吧。先前聽人家說過現在有很多新的店或是多了許多藝廊，除此之外還有上回沒能去成的夜市也想去瞧一瞧，本來想在出發前認真搜尋一下，應該列張想去店家的清單……但結果一直到出發前都忙得不可開交，終究沒能事先做好功課。

每回都像這樣沒有計畫性地旅行，就看當下的心情去走走看看應該也比較符合自己的性格，至今也沒出過什麼問題，也因此留下不少旅行的回憶。不過這次是在松本認識的小曼及高橋小姐認識的江小姐兩位在地人的帶領之下，去看她們所推薦的台北。先前聽過三谷先生及其他建築師、藝廊的人稱讚過小曼的品味一流（不論是對吃的或對物品的選用），所以我也就很安心地把自己交給對方。

一踏出機場，熱氣「轟」地衝上來包圍著我們。雖然此時日本也正是梅雨季，但是台灣溼氣的威力可是比日本更加驚人。當我們推著行李車走時，有兩名女性笑容滿面地迎向我們，正是江小姐與她的助理潘小姐。於是我們坐上江小姐為我們準備的車子，朝小曼的藝廊「小慢」而去。那時「小慢」正展出三谷先生的作品，當天舉辦了一場全程使用木製器皿吃飯的體驗餐會，藝廊裡滿滿人潮。真令人好奇台灣人是怎麼使用木製器皿的？

看完展覽後，我們到小曼位於藝廊樓上的住家，一進門，小曼的愛犬HIPPI興奮地搖著尾巴出來迎接我們。藝廊或是住家都是小曼自己設計的，原來她也從事室內設計相關的工作。住家樓上有茶室，戶外還有個庭院，坐在榻榻米上向外望去，都忘

小朋友過馬路時
要記得牽好手哦！

50嵐的飲料。
口乾舌燥時來一杯，暢快無比！

屁股尖尖的桃子

停在路邊的貨車，裝著滿滿的雞蛋

儘管外面是狂風暴雨，
市場裡還是一片熱鬧

從窗戶透進來的紅色光線

工程中的牆上蓋著塑膠布

在佛具店看到的燈籠，
畫著美麗的花樣。

了這裡可是台北公寓的四樓呢！從今天起，我們將在這個美麗的房子裡住上四晚，很期待可以從日出、日落到夜晚細細地觀察光的推移變化。

小曼是教授台灣茶的講師，特地邀我們到樓下的藝廊泡茶品嚐。她沏茶時的動作與神情真是太美！柔軟細緻的手部動作讓人看得出神。可以沖出美味茶湯的人，其自身必定也是十分優美。真是讓我打從心底期望自己泡茶時，也可以像小曼一樣。

中午大家一同前往以小籠包聞名的鼎泰豐用餐，這是我們在日本搭上飛機啟程之前，日置先生說過希望此行可以一嚐的店家。雖然已過午餐時間，但還是有滿滿的客人都還在等著用餐，我們利用等待的時間到隔壁的書店去逛逛（另一個原因是外面實在很熱）。書店裡竟然有很多日本雜誌與書籍，真是讓我大吃一驚。在這裡也發現了《日日》。

期待許久終於盼到的小籠包，薄可透光的麵皮中包著滿溢的美味，如夢似幻。餐廳入口處的一旁即可看見裡面師傅正包著小籠包的樣子。一群專業的廚師俐落地動著手，迅速又一氣呵成地完成手上的作業，聽說這小巧的小籠包每個都是以5公克的皮包著21公克的餡料。

用完餐後，我們搭車在台北市內逛了一圈。途中喝到加了珍珠的飲料，在公園裡邊休息邊討論大家要去採訪的店家與景點。雖然我很想去那些賣廚房用具或是雜貨、食材的店家逛逛買東西，但這次不是我個人的行程，還是先忍著點。

傍晚，大家雖然說好該回去休息了，但經過一個十字路口看到一處廣場裡有露天市場，高橋小姐也忍不住問說：「想不想去看一下？」當然想去啦！不知道是不是身體裡的愛吃鬼不斷騷動著，大家都快步奔向那市場，看到了正盛產的荔枝，細細小小的香蕉，還有未見過的不知名蔬菜，喝了加蜂蜜的茶，還有小點心……。當我們像是夢遊般地四處遊逛之際，外面突然下起一陣豪大雨。

我有預感，這次的旅行會碰上許多有趣的人事物。

茶藝館「小慢」的悠閒空間

茶藝館「小慢」
位在台北的國立師範大學附近、
住宅區的一角，
是個氣氛緩慢沉靜的舒適空間。
黑白相間的磁磚地板
搭配著古董傢俱，
顯現出主人的好品味。
是一間可以享用輕食，
讓人忍不住想要待很久的店。

溫和的光線從入口的玻璃門打了進來。

雖然老舊的公寓與民宅十分密集，但也不乏帶來涼快感受的綠意。

「小慢」是小曼從小生長的自家住宅改建的。長著青苔的屋瓦是一大特色。

「小慢」

泰順街16巷39號。這一帶近國立師範大學，因此多有學生、老師等知識份子於此活動著。一到晚上會有夜市，吸引年輕人前來，十分熱鬧。

於「小慢」舉行的三谷龍二個展

三谷龍二為我們
一路從松本連結到台灣，
他首度在台灣開設的個展
即是於「小慢」舉行。
讀者們於店內排著隊
請他在其中文版著作上簽名，
且以男性居多，
這點跟日本有些不同。
在店內柔和的燈光包圍之下，
三谷先生的作品
於不思議的異國裡，
似乎也散發著一種寧靜的力量。

特地為台灣茶製作的茶葉匙，同時也展示著台灣茶用的茶托。

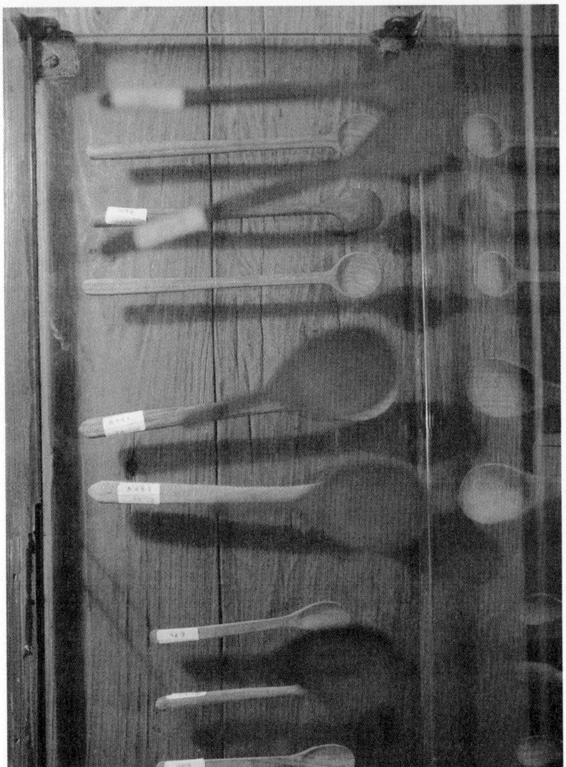

三谷先生招牌的湯匙類作品
及黑漆大盤，上過橄欖油的
缽等，看似無心卻又極有品
味地擺放在四處的櫃子裡。

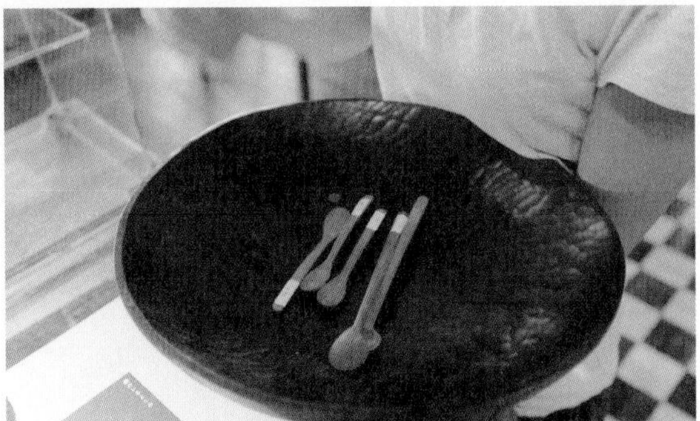

午餐

在以小籠包聞名的
餐廳午餐。
是這趟台灣之旅
最初嚐到的美味。

「鼎泰豐」

雖然在日本也有分店，不過在本店吃的味道還是不同。就算過了中午用餐時間還是要等待叫號。

伊藤小姐與店前方的小籠包公仔合照，展現出調皮的一面。

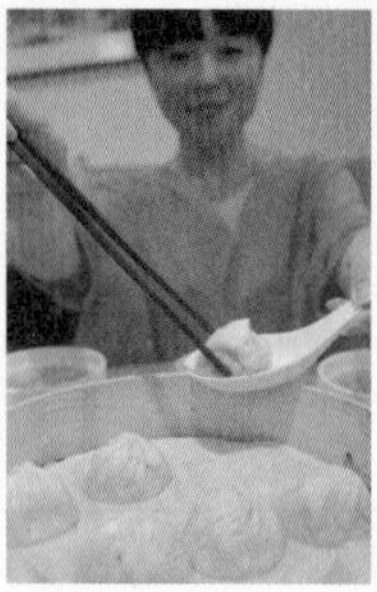

熱騰騰的小籠包，輕咬一口，可口的湯汁流溢而出。在廚房裡有十名左右的師傅不停手地一個接一個製作出來。

果汁

最大賣點在於
種類很多的
果汁店

加了珍珠的果汁，要用大吸管喝。

「50嵐」

永康街是條漂亮的街道，很受遊客的喜愛，一路上綠意盎然，很適合散步。走累了、口渴了於是來一杯果汁。

市場

坐在車中無意間看到的
露天市場
於是展開了
抵台的第一次購物。

市場裡滿是像手指般細長的香蕉，還有蔬菜、台灣茶、桃子等等，琳瑯滿目。

晚餐

在台灣的第一個晚上
來到傳統的
台灣料理店
品嚐道地口味。

「青葉餐廳」

可以吃到台灣傳統料理的老店。今晚有菜脯蛋等等。位於中山北路。

日記

文・照片—伊藤正子　翻譯—褚炫初

俐落的樣子讓人看得目瞪口呆

早餐的水果

朋友們集合在馬修的家裡！

好吃的麵店

麵的各種配料

6月24日

早上，因為有種異樣感覺，結果循線望過去，原來HIPPI正在偷看。開口叫牠，牠立刻開心地跳上棉被緊緊黏過來。怎麼這麼可愛啊！睡醒後和HIPPI共度的時光成為我待在台灣時每天必做的事。

一下樓小曼即送上茶和水果，之後還帶我們去好吃的麵店。趁著麵條在冒著裊裊白煙的大鍋裡煮的空檔，我們選擇要在麵上加什麼料。由於中文菜單看起來像天書，所以就按照小曼的推薦點來吃。儘管抵達台灣還不到24小時，卻感到身體已經有點適應了這個城市，我想可能和跟著小曼過生活也有關吧！

今天我們要叨擾台灣的家庭，向他們請教如何做菜。一位是獨身的男攝影師，還有一位是有10名家庭成員、每天都要下廚煮飯的元氣媽媽。兩位受訪者無論年紀和家庭結構都不同，不知道會端出什麼樣的料理？

站在離台北市區有些距離的大樓前晃了一陣子，馬修的朋友下樓來迎接我們。今天他還邀了幾個朋友到家裡喝酒聚會。台灣人有種好相處的印象，不過我覺得馬修和他的朋友更是如此。每次只要發問，他們都一邊大笑，很快樂地回答。餐具用的是IKEA，料理是加了香料的咖哩。錢可能花得不多，不過這麼過日子卻有種莫名的瀟灑和可愛。

我問能將我連珠炮似的問題精準翻譯出來的潘小姐，台灣的年輕人大家都這樣嗎？結果她頭搖得像波浪鼓，「我住的公寓沒有廚房」。「啥？妳剛剛，說了什麼？沒有廚房？」「對啊。」潘小姐說。路邊攤或小吃店之類的到處都是便宜又好吃，而且工作很忙沒時間做飯。沒有廚房的公寓或大樓，聽說在台北還滿多的。那要泡茶的時候怎麼辦？我的內心默默地大受衝擊。

紅色的門
好像是很久以前就有的

蔬果攤②

蔬果攤①

今天的早餐

味道清爽的香草冰淇淋

食堂的餐具

要用來搬運什麼呢

街上小狗閒晃。
野狗還是家犬？

接著拜訪的是許莊蘭子女士的家。這裡有一看就知是大家族的廚房。我被蒸肉粽的木頭炊斗和流理台上一字排開的食材、日置先生則是被紅通通又圓滾滾的電鍋，吸引得目不轉睛。這一天正好是為了端午節而在包粽子。聽說因為很麻煩，自己包的人越來越少，不過許莊蘭子女士和媳婦筱玲，每年還是會為了家人做準備。不管調味或分量都沒測量，全憑感覺的「差不多就是這樣」。

最令人意外的是，粽子裡加了大量炒過的紅蔥頭。我一直以為紅蔥頭是用在法國料理的，仔細想起來在台灣不僅是市場到處都有賣，似乎也是台灣料理不可或缺的調味料。包好的粽子開始蒸以後，蘭子女士便料理起其它的菜色。似乎是要趁著這頓飯大展身手。（我媽媽也是客人來了就特別帶勁兒，看來不管哪國的媽媽都是這樣！）剛蒸出來的粽子和每道菜都非常美味，雖然剛吃完咖哩飯，還是不斷添飯吃得飽飽的。

在台灣人的家裡吃飯，感到不可思議的事。一是用筷子吃咖哩飯。明明擺了湯匙和叉子，為什麼要用筷子？問起緣由，「因為是飯嘛！」他們如此回答。還有一點，就是沒有另外盛放菜的盤子，而是夾到裝著白飯的碗裡。說是台灣一般在家用餐都是如此。雖然這樣就必須一邊思考要先吃什麼菜，才能夾到飯碗裡，不過一旦習慣以後，要洗的碗盤數量就會少很多。所以我覺得其實還滿合情合理的。

儘管嘴巴直喊著好飽好飽，飯後甜點是剉冰、晚餐又去吃了雲南地方料理。江小姐和潘小姐讚美（？）我們說，「比起目前為止遇過的日本人吃得都還多」。潘小姐講了好幾次「吃的東西已經飽到這裡來了（邊把手放在喉嚨上比畫）」，那舉動真的是非常迷人。

喜歡在家做菜招待朋友的料理男子
馬修

馬修是名單身貴族，聽說他最大的興趣是作菜，所以常請朋友來家裡吃飯。我們來訪的這一天他也找了三名女性、一名男性朋友大家一起來。今天他為我們做的料理是印度咖哩以及烤全雞，看來台灣的年輕人也很全球化嘛。位於大廈高樓層的家裡，統一採用白色傢俱。

馬修為我們分解剛烤好的雞肉。所有人都全神貫注地盯著他的手。烤雞的美味湯汁也拿來當沾醬使用。

點心是冰淇淋加Espresso。咖啡也是馬修用心煮出來的。

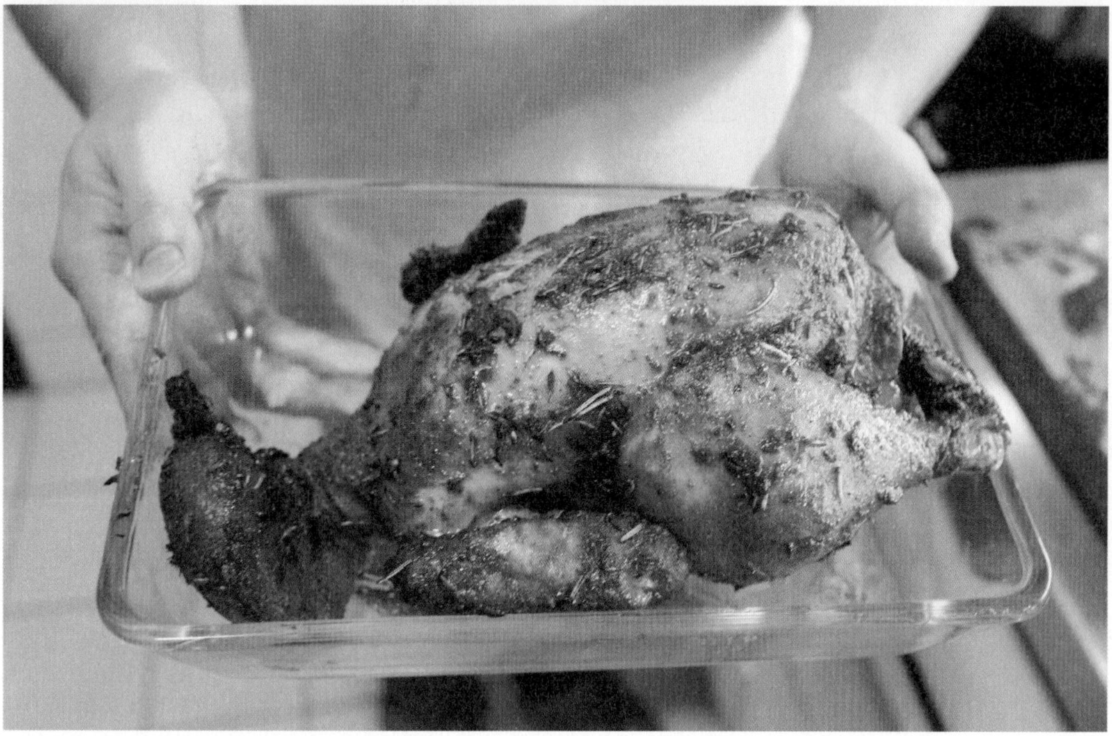

保留完整全雞在烤箱中來回翻烤，似乎是台灣式的作法。

加了南瓜的和風印度咖哩

從打碎香料開始的正統咖哩。平常就很慣於做菜，整個過程非常流暢。

準備要加進咖哩裡的蔬菜。大把的菜刀很有台灣味。

加入小豆蔻、肉荳 、薑黃、花椒等香料，用調理機打碎。

加進事先醃過的肉塊。

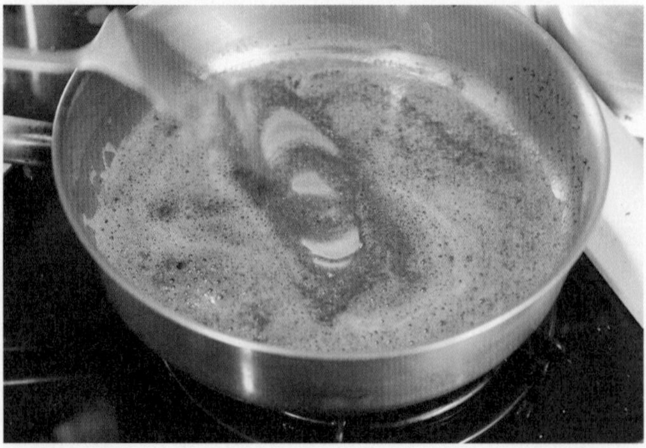

仔細地翻炒香料。

伊藤正子試吃沒見過的香料。

進烤箱前的全雞。洋蔥、蒜頭磨成泥，與香料等一同浸漬。

冰箱整齊到令人大吃一驚，裡面瓶子的形狀跟大小也都很一致。

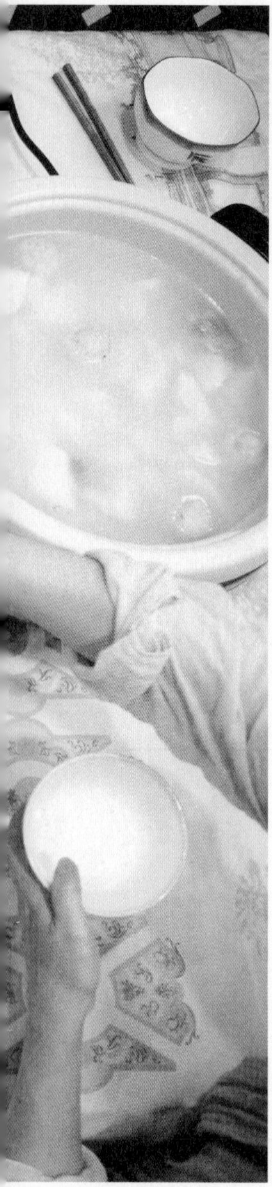

每天都要為10位家人做飯的許莊蘭子

每到端午佳節就要包粽子似乎是台北家庭自古留傳下來的習慣。包粽子的準備在一星期以前就已經開始，是很慎重的佳節料理，通常也會由婆婆教給媳婦，一代傳一代，每個家庭不論是包料或是沾醬都有些許不同，但一樣的是費時費工又用料實在，是道豪華澎湃的料理。

台灣家庭不可或缺的電鍋。不只用來煮飯，還能做各式料理，幾乎是十項全能。

已經70歲仍十分有活力的媽媽，笑容滿面。每天為兒子一家及其他孩子共10人的大家庭做飯。

一口氣擺滿10道台灣家庭料理的餐桌上，大家挾菜的手不斷交錯。炒米粉、紅燒魚、滷肉、炒青菜、鯊魚烟等等，種類十分豐富。

打開粽葉立即就可見到栗子、蛋黃、蚵乾等美味食材。

與王筱玲一起包粽子

蘭子女士拿手的粽子
如今已由媳婦
筱玲傳承下來。
雖然兩代之間有些不同，
但這也反映了時代的變遷吧！

小碟子裡裝滿了要包進粽子的食材，除此之外還有鹹蛋黃。糯米與加了紅蔥頭熬煮而成的醬汁一同拌炒之後，包在粽葉裡，中心放進材料後再包起。

紅蔥頭要先炒過，再拌入以高湯炊煮的糯米。

包成三角形的粽子完成後以綿繩綁成一串，再一次放進蒸籠裡蒸熟後即可享用。

粽葉折成三角，將糯米及各式食材包進去後，上面再蓋上些許糯米，將粽葉折下包起即可做出三角形的粽子。

酒桶狀的木製炊斗。現今的年輕人大多沒見過，一般家庭也很難得一見。

媽媽為我們準備的午餐裡有道紅燒魚，上面蓋有滿滿的蔬菜。

今天的主食是炒米粉。很溫和的口味卻又不平淡，非常好吃！

剉冰

台灣的剉冰不只量多，
配料的選擇
也非常多元，
實在是太厲害了！

「水龜伯古早味」

位於石牌路二段上生意極好的剉冰店。我們在地面微傾斜的桌上享用。

在暑氣逼人的台北不可或缺的剉冰。我們點了芒果冰跟綜合紅豆冰。四人吃兩碗就很夠了。

紅豆加冰淇淋，沒見過的水果，淋上煉乳。一盤美味又熱鬧的剉冰。看看那碗公有多大！

青脆欲滴的碗豆湯。色香味
俱全，令人佩服。

晚餐

在台灣的第二晚
來到小曼介紹的
雲南料理店。

「人和園」

吃得到美味又高雅的雲南料理，創業於1956年的老店。位於錦州街上。

這道菜是用什麼做的呢？原來是切成細絲的杏鮑菇。

用盡全力捲起的蝦仁。乍看之下還真不知道是用什麼做成的一道可愛料理。

日記

文・照片—伊藤正子　翻譯—褚炫初

公園的公共電話區

打太極拳的人們

果汁攤的水果堆得像座小山

小曼的書架
排滿了世界各地的旅遊指南

巷裡人家的木馬

6月25日

早晨，先和HIPPI玩了一會兒，接著散步到約十分鐘腳程的大安森林公園。因為睡在開了空調的房間，直到外出都沒有察覺，從早上開始就熱得凶猛，真的是好熱。這次旅行途中，雖然已經覺得不用說，但還是忍不住講了好幾次。「好～熱～啊！」即使如此，早上的公園比起日正當中還算涼快，打太極拳和做體操（之類的）的人們顯得非常熱鬧。

在公園中央，我發現一棵樹，結滿了我在市場看過，長得像蘋果的果實。因為有著適度的酸味，做成果醬應該滿好吃的吧！於是非常猶豫要不要把掉在地上的果子撿起來帶走，最後決定放棄回家（因為沒有任何人撿啊）。回家途中，到星巴克喝了杯冰拿鐵讓身體涼一下。

今天要到一個比較遠，叫作九份的地方。從台北乘車上高速公路，不到15分鐘視野便開闊了起來。集喧鬧繁華於一身的台北很有趣，但這樣清爽的感覺也很棒。九份的房子有如依著面海的斜坡興建。窄巷和階梯散發著莫名的情調，是很受歡迎的觀光名勝。有如廟會般的擁擠讓我很吃驚。在曾是電影場景的餐館（原來是電影院）附近，想拍照留念的人好多。加油！我們也來一張吧……，我們等著滾滾人潮散去，不過看來完全沒有要退去的跡象。

閒逛的途中，我們喝了杏仁茶、吃了很像豆腐、不可思議的食物。雖然是不同的國家，觀光區的風情哪裡都大同小異。去到小曼推薦的茶藝館邊眺望大海邊喝茶，歇了一口氣。不知為何只有在這個異度空間，感覺不到週遭的喧擾。用竹片包裝的普洱茶非常可愛，就買下來當成伴手禮。

回家路上，日置先生提議「想要吃麵」。有沒有本地人會去的那種樸素的麵攤？問了潘小姐，她回答說，這裡是觀光勝地可能有點難。對了，來這裡的路上經過濱海

海邊小鎮吃午飯

睡午覺的小狗②

睡午覺的小狗①

秤重賣的杏仁
好香！

黃昏匆忙的十字路口

甜甜圈排排站

穿越人群拍攝的
日置先生

像玩辦家家酒般的小椅子

公路時，是不是開了幾間店的樣子？於是我們就決定去找找看吧。因為日置先生一直嚷著「麵、麵」，我的情緒也開始要完全傾向吃麵了。結果有些店家倒了，有的已經打烊，最後來到一間小小的餐廳。從桌子到塑膠碗，無論裝潢和餐具都很質樸，但卻是碗湯頭很夠味，讓人吃了身心安適的一碗麵。

回到台北大街的我們，想要在晚餐前先到夜市瞧瞧！抵達的時候已是日暮時分。燈火初上，漸漸地越來越有氣氛。即使如此，卻沒有一個人開口說因為今天跑得比較遠，想要早點回家休息。在這次旅途中，好幾次高橋小姐都對我說：「正子之所以這麼有精神，是因為愛吃又愛玩的緣故吧」，我認為她說的完全沒錯（不過我也把這句話原封不動回敬給高橋小姐就是了）。等下接著還準備去吃酸菜白肉鍋，所以在這只喝新鮮果汁。但滿滿熟透的芒果汁竟然只要日幣100圓！如果日本也有這種果汁攤就好了啊！

之前就聽過好多朋友提過酸菜白肉鍋。在海鮮與肉熬煮的湯頭裡，加上發酵的白菜、肉和蔬菜然後沾醬吃。我們邀了從日本來玩的朋友一起享用，所以今天的晚餐總共有10個人！能與大家一起共度美味的時光，真的感覺好幸福。

回程繞道附近的「誠品書店」。我們只約定逛完到出口集合，就往自己喜歡的書櫃前進。漫畫和食譜、藝術與建築相關的書籍……看的和買的各有不同非常開心。我買了兩本女兒很喜歡的漫畫《海賊王》中文版。出發前，我問女兒想要什麼禮物？因為她回答說「漫畫和好吃的東西」，所以算是達成了一項指示。

從大安森林公園散步開始，到九份小旅行、途中尋找麵店、夜市和火鍋、最後是逛書店。今天玩得很凶，而且也吃得很多。

往九份的途中風景。以前的煤礦遺址現在變成廢墟。日本統治時代，有亞洲的金礦城之名。

九份

台北郊外山上的人氣觀光景點

從海邊轉入陡峭的山路，
車子噗噗噗地往上行駛。
突然來到滿是觀光客的熱鬧城鎮。
各式各樣食物的味道，
夾雜在人群的熱氣中，
觀光客在窄小的坡道摩肩接踵，
緩緩前進。
宛如祭典時才會出現的攤販，
無限延伸，看不到盡頭。
好奇地窺探著兩側的攤販，
走上坡道後，
眼前出現了山和海構成的美麗風景。

水餃攤（？）應該是煎包吧。沒看過的食物一一出現在眼前。

窄小的巷弄兩側盡是賣小吃的攤販。
這裡的食物幾乎都是在攤子上現做現賣。

攤販式麵店。有各式配料可選。

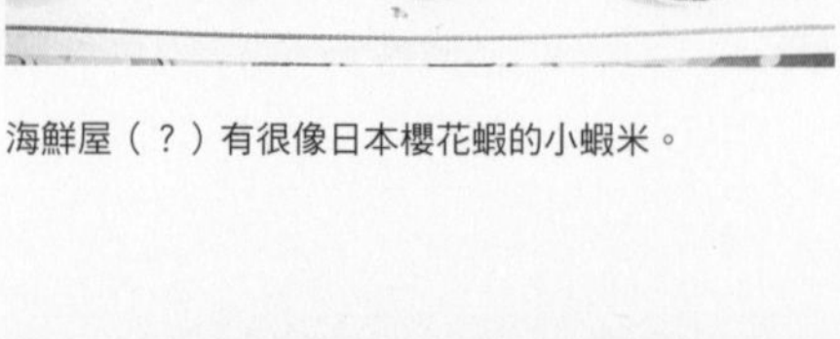

海鮮屋（？）有很像日本櫻花蝦的小蝦米。

牆上的菜單和桌上的塑膠餐桌布，形成一種奇妙的呼應。好奇心旺盛的正子吃的是什麼呢？

店裡的大叔把一大塊粿切成小塊裝在盤子上。也可外帶。

不像葛餅也不像蕨餅（？），味道奇特，不明所以的食物。

位於坡道頂端的茶藝館。品嘗
美味的台灣茶，放鬆片刻。

從庭院可以看到遠方的大海，
涼風吹拂而來。

烏龍茶梅、開心果和烘培點心等各式茶點。

店裡的女店員為我們泡茶。

主要街道的巷弄裡盡是階梯。這裡是電影《悲情城市》裡出現的背景舞台，因電影大受歡迎而聞名。這個階梯在電影裡出現過。

攤販
充滿了活力和朝氣
真令人感到愉快

台北市到處都有攤販街，士林觀光夜市為其中之一。便宜又好吃的攤販，是民眾每天變化菜色的食堂？

畫著青蛙的有趣飲料杯堆成一面牆。

從攤販之間的天花隙縫中可看到行駛的捷運。

每一攤的看板都色彩豐富，令人賞心悅目。

不論是年輕人還是攜家帶眷，都可以找到想吃的攤販，邊走邊吃。明明是平常日，卻像日本的祭典般熱鬧。

是模仿日本的黑輪嗎？
從字面上來看，應該是關東煮？

九份的時尚茶藝館。喝完茶後買了茶葉當伴手禮。也販售烏龍茶梅等茶點。

茶藝館

到茶藝館品茶
是台灣的一種文化。
在傳統的台灣建築裡，
享受一杯美味的茶吧！

「九份茶坊」

被指定為新北市歷史建築的建物。微暗的店內和屋外的陽光，構成令人讚嘆的美麗氛圍。隨處可見藝術家老闆的品味。

看來台灣也吹起健康風潮。像日式早餐的午餐菜色很受歡迎。

「水心月茶坊」

「九份茶坊」的姐妹店，露天座可眺望山和海。

滷豬耳朵、花生和毛豆等。喝蘋果圖案的可愛罐裝汽水慰勞身心！

午餐

從九份回程的路上，
在濱海公路，
發現的餐廳。
店內的庶民風格和口味，
療癒了疲憊的身體。

從九份回台北的途中。在上高速公路之前，看到好幾家餐廳和釣具店。大家依直覺選擇了其中一間餐廳。

麵加上小菜。不論哪一家店，麵都很好吃。元氣時十足的阿姨們經營的餐廳。

晚餐

共10個人的熱鬧晚餐，愉快地大啖酸菜白肉鍋。

「圍爐」

酸菜白肉鍋是中國東北地方的傳統菜餚。羊肉和豬肉搭配滿滿的蔬菜、配料，沾自己調配的醬料一起享用。

火鍋裡放入酸白菜，肉類按各自的喜好涮來吃。

木頭地板，整面的書牆，可以自由閱讀的桌椅，
令人羨慕的優質書店。

書店

吃完飯後走路到
位於二樓的誠品書店，
一間24小時營業、
時尚又寬敞的書店。

「誠品書店」

台北市內有好幾家分店的大型書店。可以看到三谷龍二的書，還有中文版《日日》。

日記

文・照片—伊藤正子　翻譯—褚炫初

白色的早餐

信箱？

早晨的師範大學

散發好誘人的香味

大學校舍裡面
白牆搭配水藍大門好可愛

6月26日

一早起床小曼已經準備好豆漿。我把搭配的油條（台灣式的炸麵包）剝下來沾著吃。晨曦從擺在陽台的綠樹縫隙間溫和地照射進來。白色的豆漿與油條和粉引（譯注：一種從朝鮮傳到日本的製陶技法，又稱之為「粉吹」）器皿非常合襯。小曼的餐桌永遠都像一幅畫。

用完早餐後，散步到附近的師範大學。走在校園裡面，與跟我一樣早上來散步的人們不斷擦肩而過。即使人多，這裡的校舍還是氣氛很佳。能夠在如此美麗的校園裡唸書，讓我有點羨慕。中庭裡有人在打太極，比起昨天在公園看到的一群人，感覺稍微內斂。大約是3到5人的小團體，也有一個人獨自慢慢移動著身體。昨天，我說看見人家打太極拳，小曼問「妳也跟著一起打嗎？」雖然我回答說「沒有、沒有，怎麼可能！」不過如果是這麼小的規模，我覺得自己應該可以融入。

旅行已到第四天了。今天要去一個叫做迪化街的地方，那裡是賣乾貨、中藥和烏魚子等食材的批發老街。整條路都被五香粉的味道包圍了。五香粉是台灣料理中不可或缺的香料，如果有看到，我非買不可。這裡的主要街道並列著許多古老有味道的建築，如果把建築物當成路標來記憶店家所在，好像就能順利在街上漫步了。由於今天是平日的大白天，氣氛十分悠閒。聽說每到農曆年前，整條街都會被人潮擠得連轉身都有問題。悠閒地逛街固然很棒，不過我也想看看熱鬧擁擠的模樣。

買了烏魚子和水果乾、黑胡椒與五香粉、還有可加進茶裡的桂花等等，行李變得越來越沉重。對了，我還想到位置偏了點的竹籠店去看看。說不定會發現什麼可以將這些行李全部裝進去。是因為很想看竹籠嗎？不知為何我竟然還小跑步。

抵達店裡後，看到許多和許莊蘭子女士家裡一樣的木製炊斗排成一列。因為發現非常小的尺寸，我問：連這也是炊斗？結果聽說是做成和炊斗相同形狀的飯桶。這個

裡面裝的是鳳梨嗎？

第一次品嚐
荔枝乾與龍眼乾的滋味

素食者的餐廳

純白的甜點是什麼味道？

睡午覺的小狗③

布市的入口放了各種椅子

好多水果乾

聽說這鮮豔的花色
是台灣的傳統圖樣

很占空間、而且我也已經有飯桶了……，不過如果在家做台灣菜時使用一定很棒。嗯——好想要，怎麼辦……。高橋小姐和日置先生站在煩惱的我旁邊，物色起台灣早年用的購物袋。紅、藍、綠……這款條紋顏色鮮豔的尼龍包包給人一種好可愛的感覺。當我聽到高橋小姐說「拿來當伴手禮好像很不錯」這句話的瞬間，原本三心兩意的我，把打從第一天就想要、扁扁不知是什麼草編的簍子，大小各買了兩個。當然飯桶也沒放過。

江小姐也買了尼龍購物袋，所以我問她會不會揹上街去買東西。結果她回答：「現在會提這種袋子去購物的人非常稀少了哦」。——明明就很可愛啊！「就是嘛，非常可愛啊。」江小姐也這麼說。江小姐經營的店販售廚具還有雜貨，我覺得她和我們的感覺非常貼近。

前往名叫永樂市場的布市。進入彷彿有一百間店家的賣場快快轉了一圈。在鑲了金線與亮片的顯眼布料之中，找到一塊很棒的原色布紋、質感天然的料子。我覺得很適合拿來鋪在餐桌上，但這店原來似乎是訂製西服的。不知道台灣人會把這塊布拿來做成什麼呢？

之後，到永樂市場附近的咖啡館稍事休息。同一棟建築裡有賣精選的叢書，也有從事織品設計的女生所開的小店。聽說台灣現在改建老房子、自己開店的人越來越多。離開迪化街，逛了好幾間店買東西。回去把行李放下，HIPPI跑到玄關來迎接我。剛開始，只要按個電鈴就叫個不停，如今牠好像已經認得我。

今天是台灣最後一晚。一大票人圍著桌子大聲談笑也是最後一次了。雖然有點寂寞，不過小曼、江小姐和潘小姐都會經常來日本吧！旅行雖然會結束卻不是無法再相見。

到迪化街散步
尋找伴手禮

清朝時期的建物至今依然存在，
台北市內最古老的商店街。
有許多乾貨、中藥行、點心批發店，
是個適合散步和購物的地方。

街角的消防署。半圓型的紅色建物很顯眼，讓人覺得很可愛。消防車在一旁隨時待命。

必看的屋頂雕飾。

建築物是十九世紀到二十世紀初建造的。
屋頂有雕刻，稱為台灣巴洛克樣式。

位於迪化街邊緣的竹籠店。堆著各式各樣的竹籠，也有在許莊蘭子媽媽家看到的木製炊斗。

在街上散步很愉悅。因為看得到日常的生活。

自迪化街的北邊一路往南散步而去，買了許多小東西，像是便宜的籠子、水果乾、調味料等。買東西很開心，能看到台灣人的日常生活，又是另一項樂趣。

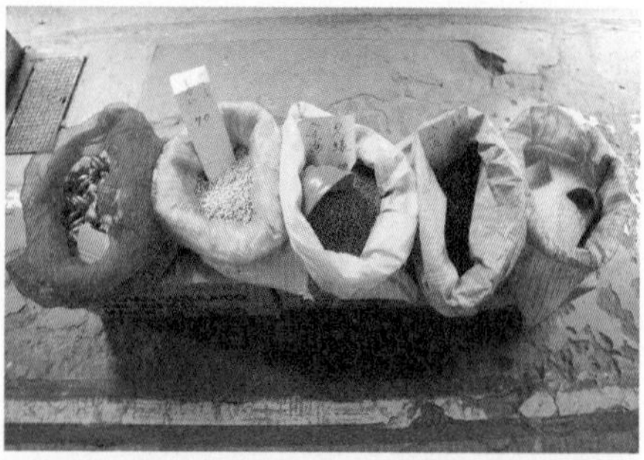

削成像木根的怪異東西排成一列，是中藥材？彩色的袋子很可愛。也有烏魚子和魚翅等高級食材。罕見的荔枝乾。

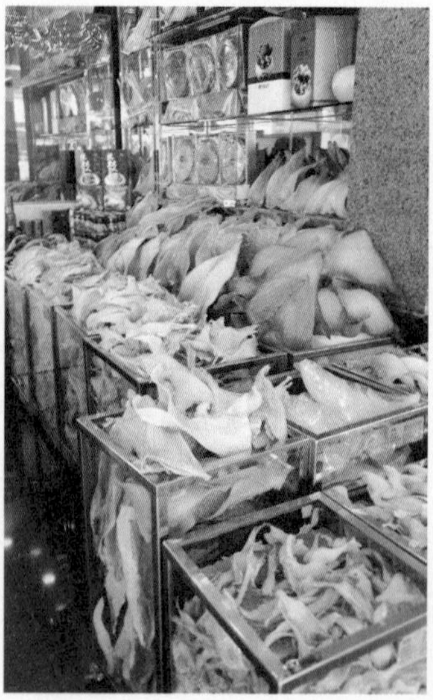

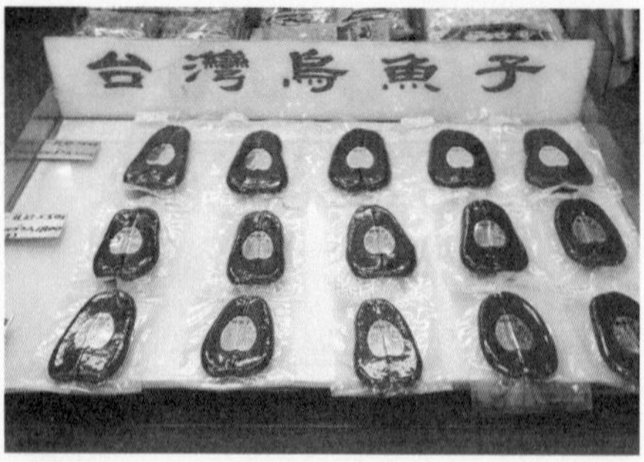

在小小的碗裝滿了白飯和各式菜餚，是台灣式的吃法。

霞海城隍廟前，12～13位看起來像是工作人員的人正在吃飯。

外表看來像是普通的住家，上到二樓有各種顏色的絲巾、褲子、上衣、批肩等，樣式齊全。

時尚服裝

鄭惠中的工作室兼店面。作品受到台灣民族服裝的影響，為麻和綿的混紡，顏色很豐富。

「鄭惠中織品服裝工作室」

在小曼的推薦下，我們來到台北市郊中和市的鄭先生工作室。小曼本身也很喜歡鄭先生的衣服。

點了蠔油蚵仔麵線（？）等。
庶民風的麵店，每一家都很好吃。

「永樂旗魚米粉湯」

在櫃台點菜，然後自己端到座位的輕鬆小店。氣氛很像攤販，價格也和攤販差不多，真開心。

午餐

在迪化街中心
永樂市場旁的
廣場吃午餐。
店前的每張桌子，
都坐滿了人。

吃剉冰當甜點。和日本的紅豆剉冰很像，但味道很微妙地呈現了台式風味。

居家生活用品店

從這裡開始，是小曼推薦的街區。赤峰街的小巷弄裡，有許多時髦的咖啡館、廚房用品店。

「小器」

廚房用品和餐具的專賣店。明亮潔淨的店內，有著符合年輕人生活的各式日用品。

江明玉經營的店。江小姐是台灣版《日日》的發行人。

近迪化街中心，位於古老樓房一樓的精品書店和織品店。二樓是時髦的咖啡館。

「印花樂藝術設計工作室」

老闆是位年輕的女設計師。看起來像是烏鴉的圖案，其實不是烏鴉，而是台灣常見的鳥類。

晚餐

在台灣的最後一晚
吃了魚翅。
小曼推薦、
台北最美味的店。

「頂上魚翅燕窩」

明亮的店面看起來不像餐廳。
是專賣魚翅的高級專門餐廳。

陶土鍋熬煮的濃稠魚翅。

日記

文・照片—伊藤正子　翻譯—褚炫初

回程的飛機

打包完成

小曼的茶室

手工做的紫米點心

正在確認照片的
高橋小姐與日置先生

6月27日

今天在東門市場附近的麵店吃早餐。店門口的架子上，看起來很好吃的海苔捲與豆皮壽司排成一列。台灣的海苔捲……不曉得會是什麼味道？貪心的我又想吃麵又想吃海苔捲。結果，變成兩種都點。其它的客人，點餐的方式多半也跟我們一樣。肚子吃飽飽，有了力氣，就要勇猛地往市場前進。聽說這個市場被稱為台北的廚房。小曼也經常來這裡採買。買香腸找這家、蘿蔔糕到那家，像這樣經常光顧的店家好像很多。

除了有屋頂的固定店鋪，還有攤販，以及鋪張蓆子就把蔬菜擺在上面叫賣的簡易（？）店家，甚至是在兩輪拖車上做起生意的歐吉桑。每家店的擺放方式形形色色，與其說是整齊美觀，反而比較偏向隨性的感覺。不過，雖然展現得很隨意，商品的品質絕不隨便。

看到好幾位和小曼一樣「如果買這個要在這家店」的採買方式，熟門熟路、貌似家庭主婦的顧客。途中，在水果攤門口買了已經切成適當大小、熟透的芒果。停留期間，吃了好多次的芒果，這是最後一次吃。當我們看到旁邊的荔枝，喜歡吃水果的潘小姐兩眼發亮地告訴我「這裡的荔枝非常好吃」。荔枝的確是結實累累，果皮也呈粉紅色很漂亮。無論是芒果或荔枝，一年之中最美味的盛產期正好重疊在一起，真令人高興。

市場中央，蒜頭和紅蔥頭堆得像座小山似的裝在很大的袋子裡賣。有位歐巴桑採買了大量的紅蔥頭，不知道要做什麼料理？賣雞肉的檯子下面是活生生的雞被關在籠子裡，排隊等著要被宰。豬肉和雞肉都有專門的攤位，店面陳列著各種部位的生肉，魄力十足。在日本習慣了被包裝得好好的肉類，不知不覺便遺忘，這才想起我們是靠著其他生物的生命讓自己活著。有魄力的不光只是肉鋪。還有蔬菜、水果，以及做生意的店家店員，每個人都充滿了活力。想買回家的東西好多好多，但無法

盛產的荔枝美味得超乎想像

39是什麼數字呢？

水煮蛋？鹹蛋？還是生雞蛋？

東門市場

連葉子都精神奕奕

9號桌

歐吉桑把要賣的
東西排得好整齊

在市場附近吃最後的早餐

全數如願，只能選擇乾貨與香料之類方便帶回日本的。

回到小曼家收拾行囊，她說最後要為我沏一壺茶。我告訴她今天一早就到市場採買，出發之前可以靜下來喝杯茶真的很高興，小曼用她一貫的笑臉回答「這樣啊」，輕輕給我一個微笑。我和小曼喝茶的朋友三個人一起品茶。紫米做的點心帶著淡淡甜味，非常適合寧靜的品茗時光，有種溫婉的味道。我一連續了好幾杯，享受逐漸變化的茶香與味道。

小曼使用器皿的品味非常好這次的旅行她泡過好多次茶請我喝，每次都讓人驚豔。除了台灣創作者的作品，還有骨董或日本陶藝家的器皿等等，她都會配合當下做出合宜的選擇。我曾問她：「你用的好像不光是台灣茶的茶具哦？」結果她回答：「我覺得不要設限，而是享受自由的搭配不是很好嗎？」回家以後我也要把手邊有的器皿拿出來重新看看，說不定可以發現適合拿來泡台灣茶的器皿。

把被食材與雜貨撐得滿滿的行李箱放進車子，上車前與小曼和HIPPI道別。搭車去松山機場只要20分鐘左右，一下子就抵達。我與五天來幾乎一直共同行動的潘小姐話別。謝謝、謝謝，道謝了好幾次，然後坐上飛機。

5天4夜的台灣之旅，遇見許多人、買了東西、不斷吃著好吃的食物。回程的飛機上，感覺還是興奮得無法冷靜，完全睡不著。回家以後，要不要來試試包粽子呢？拿五香粉來做烤豬肉吧？把在小曼店裡買的茶壺與茶具放進那個竹簍是什麼樣子？以後喝茶和泡茶的時候，手勢一定要美美的啊……這趟旅途中感受到的一切，一定會為未來的我帶來改變。再見！台灣。謝謝！台灣。

攤子上擺著被切成塊的各個部位的豬肉。
對太纖細敏感的人來說，可能過於刺激。

到市場瞧瞧 台北市民的胃 都裝些什麼

上飛機前去逛市場。東門市場展現了台北市民的廚房樣貌。不但有蔬菜、魚肉、雜貨，還有各式各樣家庭必需品。在體驗台北的庶民面貌時，也順道尋覓可當成伴手禮的特產。

活生生的雞在店前方的籠子裡，可見有人會當場挑選吧。（編注：4月1日起禁止市場販賣活體家禽。）

賣乾貨、雜物及廚房用具的雜貨店。因為買了太多東西，在這裡添購了一個尼龍袋。

只剩下幾條鮮魚，有點冷清。因為市場一大早就開張了。

市場的魅力在於買和賣的人都很輕鬆隨意，還有客人蹲下來和老闆聊天。

在路旁用餐的阿伯「先填飽肚子再說？」

有很多蔬菜和水果攤。擺得這麼整齊美麗的攤子很少見。

各式各樣看起來美味的青菜。但無法帶回家，只好放棄。

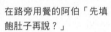

早餐

在市場的入口吃早餐。
據說這家麵很好吃。

「麗園壽司」

好吃的麵店。就在東門市場的旁邊，吃完後再去逛市場剛好。有很多年輕女性一個人光顧。連雲街。

有堆成小山、和日本一樣的海苔捲及豆皮壽司。店名也是壽司（？）。

面對著牆壁的女性單身客正在吃著上班前的早餐（？）。

小曼為我們泡了離開台灣前最後喝的茶。這是從
第4頁照片裡的庭院往室內看。也有客房可住宿。

伴手禮

易碎的食器放在飯桶裡；襪子塞進長靴裡；把絲巾和布捲成圓球當成緩衝墊。連一點小小的縫隙也不放過，把所有的東西依序收進行李箱裡。我還滿喜歡收拾行李的，每次出國時行李只裝一半，剩下的一半用空氣包填滿。因為旅途中常會購買當地的器皿或是蜂蜜等瓶罐，回家後一件一件拿出來，仔細欣賞這些戰利品。

這次因為買了五香粉，打開行李箱時，好像又回到逛迪化街時的心情。把行李全部攤開後，好像置身台灣的雜貨店。泡了一杯在「小慢」買的高山茶，休息片刻後，開始區分自己用的和送人的伴手禮。當初原本打算買給自己的東西，想到朋友可能會喜歡，那就把它送人吧。相反的，原本是打算送給某位朋友的，但後來想留著自己用。不論是送人還是自用，邊想著要怎麼用，還有朋友收到時可能會有的表情反應，或思考著要如何包裝對方才會驚喜，那時光真是愉快。

我試著用台灣的報紙來包裝禮物。把當初買食器時的包裝留了下來，用紅色的線纏一纏、繞一繞，感覺還不壞。給不必太客套的朋友們，這樣粗略的包裝感覺剛剛好。

把伴手禮交給對方後，器皿收入廚櫃裡，食材放進廚房收納櫃，絲巾放入衣櫃中，棉花棒放入浴室……，想像著每一樣東西所屬的地方。每次打開廚櫃或收納櫃時，看到平常的東西裡夾雜著一個外來的面孔，總覺得很有趣。

當這些東西慢慢變成家裡的一份子時，我一定已經在計畫著下一次的台灣之旅了。嗯嗯，因為我現在就想立即飛去，或許會比想像中更早坐上飛機呢！

九份的茶藝館買的
普洱茶

在「小慢」買到了想要的茶具

分裝成小包的水果乾

可裝兩杯米的小飯桶

在食材店發現的
桂花蜜

以水稀釋後，好喝的
龍眼蜜

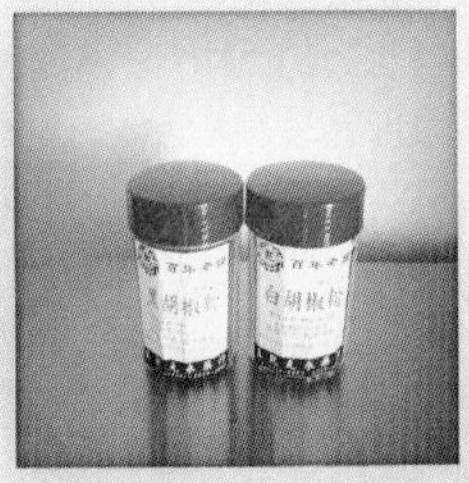

有著可愛的紅色蓋子的
白胡椒和黑胡椒

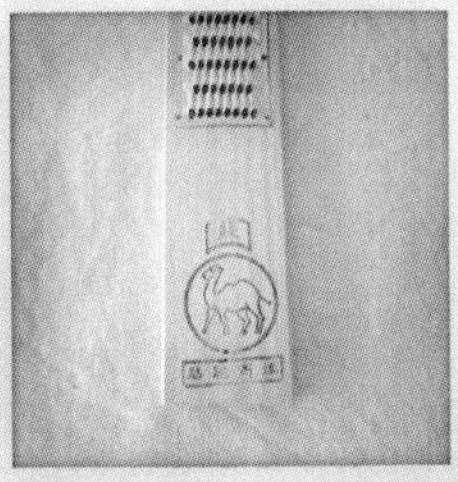

印有駱駝的刨絲器

台灣報紙包裝的伴手禮

藥盒也是在藥店買的戰利品

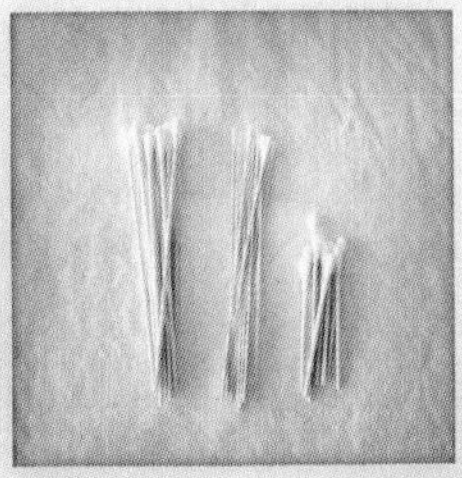

藥店找到的棉花棒

在批發店找到有北歐風格的布

在市場買的竹籃裡
裝滿了小禮物

色彩繽紛的吸管。
粗的是粉圓用的。

苦瓜乾和檸檬乾泡水後
放在沙拉上

桂花應該會浮在茶上吧

顏色染得很有味道的絲巾

批發店買的花紋長靴

各種顏色的襪子

小曼推薦的鞋，
當成給自己的禮物

於「10 cm」舉辦的台灣茶會

就像日本茶有煎茶道，
台灣茶也有優雅的泡茶方法。
謝小曼在松本為我們示範的，
即是「台灣茶道」，
那是一場很棒的茶會。
再次學到，正確的泡茶方法，
才能泡出美味的台灣茶。

小曼的泡茶方法，傳達出對台灣茶的愛。沒有多餘之物，所需的要素卻一樣都沒少。

一般以小的茶杯來飲用，是為了享受茶的香氣和味道。能清楚地喝出第一泡和第二泡的味道和香氣不同。

用開口大的茶杯，直接把東方美人茶葉放入，注入開水後飲用，也是一種品茶方式。待茶葉沉澱後，飲用上方清澈的茶湯。

第二泡熱水倒入之前的茶壺，可以看到舒張開的茶葉。

同時舉辦了茶具展。展示三谷龍二的茶碗和托盤、伊藤環及村上躍的茶壺和茶碗等，讓喝茶更加愉悅。

一趟感受台北的生活與活力之旅

第一次到台灣是在30年前。
旅行中，被充滿混沌活力的台北所震懾。
在紅綠燈少少的大街上，我們遲遲無法順利過馬路，
但一旁的當地人，卻輕鬆簡單的一一穿梭而過。
5年前再訪台灣。
第二次的旅行，
看到台北成為一個高樓林立的大都會。
第三次來到台北，
展現了和以前完全不同的面貌。
台北確實是個時時刻刻都在變化的都會，
但帶路介紹的人卻也大大影響了對城市的觀感。
像小曼這樣有著敏銳感覺的人，
又穿插著江小姐這樣年輕一輩的資訊，
讓我們的旅行變得豐富又愉快。
把這本書當成台灣的旅遊手冊來看，
肯定會覺得少了什麼吧！
我們刻意不加上詳細的地址和電話號碼，
因為我們造訪的，是小曼和江小姐、潘小姐等人所選的店家，
是散在各地的定點移動旅行。
一場以當下的角度看到的台灣現況，
把它當成伊藤正子介紹的「遊記」來讀最恰當，
書中記錄這次所見所聞，品味感受到的台灣。
6月的台北濕度超過90%，
接近40度的高溫，酷熱的夏天。

各地街角的狗兒們，難耐高溫酷熱，
每隻都以同樣的姿態橫躺著。
正子也在照片中拍下了牠們的模樣。
但是，店家和在街角工作的人們，卻活力十足。
每天要做10人份大家族晚餐的媽媽，
開朗又有精神的模樣令人感動。
料理男子家的現代室內風格和廚藝，
讓我感受到現代台灣年輕人的氣息。
這也是一趟感受當地人活力的旅行。

書中雖然沒有介紹，
但我也去了台灣人間國寶陶藝家的工作室。
也在時髦的咖啡館喝了咖啡。
但是讓我感受到充滿魅力的，
還是大眾餐廳及夜市。
台灣食材的豐富令人嘆為觀止。
市場裡擺放著所有部位的豬肉及整隻雞，
一整年溫暖氣候下生產的各種水果和蔬菜也吸引力十足。
有好多食材讓人好想買回家。
也感受到台北人旺盛的食欲。
大啖各種麵食和豐富的小菜，
滿身大汗穿梭在郊外的坡道和批發店，
抱著一堆廚房雜貨，
滿是好奇心地看著市場的種種，
結束了充滿活力又快樂的五天四夜旅程。

日文版後記

我覺得《日々》29期也可以視為是一本《日々》的番外篇。我只期望進入創刊第八年的《日々》，能夠繼續快樂地出版下去。

這是一趟從許多相遇開始的台灣之旅。雖然我們走了很多地方、也到達很多地方，但幾乎沒有去所謂的風景名勝等觀光旅行會參觀的地點。像是有名的博物館、寺廟等，連一間也沒有去。唯一像是觀光景點的地方，就是九份了，但比起九份的中心地帶，我們更有興趣的是山邊的礦山廢墟遺址。

伊藤小姐與日置武晴先生，以及可以算是他們長輩世代的我的三人旅行，雖然是奇妙的組合，不過我們對於有興趣、想看的事物、想吃的東西、想要的物品，竟都非常不可思議地相去不遠。或許是因為他們倆人很契合的緣故，但我想唯一可以確定的是，我們非常享受在台灣的旅行。

在台灣，江明玉小姐發行的《日日》中文版似乎在許多讀者的看好下，有了好的開始。我們也獲得不少新的刺激。將來也盡可能以特定的主題來製作，讓大家在一集中能夠有充分的享受。希望各位繼續愛讀與支持《日々》。（高橋）

中文版後記

去年六月，《日日》中文版出版第1期的當時，總編輯高橋良枝小姐跟伊藤正子小姐，攝影師日置武晴先生來到台灣，採訪編輯了《日々》日文版no.29台灣特集。我們像是驅使了任意門般地，一口氣從no.6跳到了no.29，就是因為迫不及待地想跟大家分享，從《日々》眼中所看到的台灣。而《日々》果然不負我們所期待，內容不是千篇一律地介紹觀光景點，而是真正地進入到台灣人的日常生活當中，進行觀察。有朋友開玩笑地說，為什麼從日本雜誌裡頭看到的台灣都特別美？（笑），我想這是因為日本的編輯們知道如何用非日常的角度來看日常吧。如果我們也能夠如此，誰說台灣不會變得特別美呢？（江明玉）

日々・no.29・日文版
編輯・發行人——高橋良枝
設計——渡部浩美

發行所——株式會社Atelier Vie
http：//www.iihibi.com/
E-mail：info@iihibi.com
發行日——no.29：2013年1月5日

日日・台灣特集・中文版

主編——王筱玲
大藝出版主編——賴譽夫
大藝出版副主編——王淑儀
翻譯——王淑儀、褚炫初、黃碧君
設計・排版——黃淑華
發行人——江明玉
發行所——大鴻藝術股份有限公司｜大藝出版事業部
台北市103大同區鄭州路87號11樓之2
電話：（02）2559-0510　傳真：（02）2559-0508
E-mail：service@abigart.com
總經銷：高寶書版集團
台北市114內湖區洲子街88號3F
電話：（02）2799-2788　傳真：（02）2799-0909
印刷：韋懋實業有限公司

發行日——2013年7月初版一刷
ISBN 978-986-8899-8-0

日日：台灣特集 / 日日編輯部編著.
-- 初版. -- 臺北市：大鴻藝術, 2013.07
64面；19×26公分
ISBN 978-986-88997-8-0（平裝）
1.臺灣遊記
733.6　　102011969

大藝出版Facebook粉絲頁 http：//www.facebook.com/abigartpress
日日Facebook粉絲頁 https://www.facebook.com/hibi2012

特別感謝：台灣觀光局